ESF 성경공부 시리즈

기독대학인회(ESF: Evangelical Student Fellowship)는
사도행전 1장 8절에서 선포되고 있는 예수님의 지상명령에 근거하여 캠퍼스복음화를 통한 통일성서한국, 세계선교를 주요목표로 삼고 있는 초교파적 선교단체입니다.

ESP는
Evangelical Student Fellowship Press의 약어로 기독대학인회(ESF)의 출판부입니다.

ESF 성경공부 시리즈 마태복음 하
만왕의 왕 예수그리스도

2010년 2월 24일 초판 1쇄 발행
2014년 8월 25일 재판 1쇄 발행
지은이 기독대학인회
만든이 유정훈, 조지선
표지디자인 장윤주

(사)기독대학인회 출판부(ESP)
서울시 강북구 솔샘로 67길 104 2층
Tel 02)989-3476~7 | Fax 02) 989-3385
esfpress@hanmail.net
등록 제 12-316호

만왕의 왕 예수 그리스도

마태복음 

CONTENTS

Matthew

마태복음을 공부하기 전에

아무리 시대가 흐르고 사람들이 바뀌어도 변할 수 없는 것은 성경공부입니다. 성경으로 돌아가자는 구호는 옛 종교개혁 시대에만 외치는 소리가 아닙니다. 오늘날 최첨단 과학문명 시대를 살아가는 우리들도 들어야 할 외침입니다. 이 시대는 점점 보는 것에 만족하고 생각하기를 싫어하는 양상을 보이고 있습니다. 특히 성경공부하는 것보다도 감성적인 것에 치우친 경향을 보이고 있는 것이 현실입니다. 우리가 성경을 깊이 묵상하는 시간을 갖지 못하고 감성적인 것을 쫓아가면 구체적인 삶의 변화를 바랄 수 없습니다.

이런 시대의 흐름 속에서도 ESF 소그룹 성경공부는 성경공부의 좋은 전통을 지키고 있습니다. 지난 30여 년 동안 수많은 청년 대학생, 지성인들이 성경공부의 매력을 경험하였고, 예수 그리스도의 복음을 영접하고 구원 얻는 역사가 있었습니다. 대학 강의실에서, 동아리방에서, 교회에서, 작은 다락방에서 성경공부하는 모습은 민족의 미래를 밝혀주는 횃불이었습니다.

ESF 소그룹 성경공부는 다섯 가지 특징이 있습니다.

첫째, 아주 즐겁고 재미있는 성경공부입니다. 소그룹에서 성경을 한 권 공부해보면, 성경이 이렇게 재미있는 책인지 재발견하게 될 것입니다.

둘째, 오순도순 대화식 성경공부입니다. 아무리 초보자라도 쉽게 참여하여 배울 수 있습니다.

셋째, 체계적인 성경공부입니다. 성경을 체계적이고, 종합적으로 이해하게 하는 성경공부입니다.

넷째, 믿음과 삶의 구체적인 적용을 배우는 성경공부입니다.

다섯째, 소그룹 리더를 길러주는 성경공부입니다. 소그룹에서 성경공부를 하면, 대부분 소그룹 성경공부의 리더가 될 수 있습니다.

이번에 새롭게 시작하는 사복음서 문제집 시리즈는 20~24회에 한 과목을 마칠 수 있도록 발간할 예정입니다. 각 복음서의 특성을 고려하여 꼭 필요한 본문들을 중심으로 재미있는 성경공부를 할 수 있도록 편성될 것입니다.

그리고 본 문제집 내용은 **말씀의 자리, 삶의 자리, 말씀의 자리+**로 구성되어 있습니다.

말씀의 자리는 본문 살피기와 생각하기 문제로 구성되어 있습니다. 성경 본문을 깊이 있게 관찰하며 해석하는 자리입니다.

삶의 자리는 말씀의 자리를 토대로 우리의 삶에 구체적으로 적용하는 문제로 구성되어 있습니다. 본문에서 파악하고 느낀 말씀의 은혜와 원리들을 각자 삶의 자리에 적용시키는 자리입니다.

말씀의 자리+는 본문 말씀의 중요한 핵심 내용이나 본문 배경 등을 요약하여 설명하는 자리입니다.

계속하여 한국교회와 청년 대학생들 가운데 소그룹 성경공부가 활발하게 일어나서 예수님을 만나고 그 인생이 복되길 기도합니다.

2014.08.18
기독대학인회(ESF)

소그룹 성경 문제집 활용법

성경해석의 일반 원리를 알고 공부합시다

1) 성경해석은 성경으로 해야 합니다.

성경의 가장 정확한 해석은 성경 자체입니다. 구약과 신약을 서로 연결시켜 공부할 때 바르게 이해할 수 있습니다. 덜 밝은 부분은 더 밝은 부분에 비추어 해석해야 합니다. 상징, 비유, 애매한 부분은 병행 구절의 밝은 부분에서 그 뜻을 찾아야 됩니다.

2) 전체를 바라보는 눈으로 종합적으로 해석해야 합니다.

전체를 바라보지 못하고 한 부분에만 집착할 때 오류를 범하게 됩니다. 그러므로 성경핵심을 파악하고 전체적으로 바라보며 부분을 해석해야 됩니다. 성경 전체의 핵심은 하나님의 아들, 예수 그리스도를 통한 인류 구속입니다. 그러므로 성경에 나오는 사건들이 그리스도와 인류 구원에 어떻게 연결되는지 살펴보면서 해석해야 됩니다.

3) 그 당시 시대 배경을 이해해야 합니다.

성경은 그 당시 사람들에 의해 기록되었으므로 당대의 지리, 역사, 풍습, 생활습관, 주변상황 등을 파악하고 해석해야 됩니다.

4) 언어의 법칙과 문맥의 흐름을 중요시해야 합니다.

성경은 사람의 언어로 기록되었으므로 어휘, 문법의 이해가 중요하고 반드시 문맥의 흐름 속에서 해석해야 합니다. 따라서 일차적으로는 문자적인 해석을 한 다음 영적인 뜻을 찾아야 합니다.

5) 저자의 의도를 파악해야 합니다.

하나님께서 성경 저자의 성격, 교육정도, 개성 등을 유기적으로 쓰셔서 성경을 기록하도록 하셨으므로 저자가 어떤 의도로 무슨 주제를 전개하는지 살펴보고 특별한 관점과 강조점이 무엇인지 알 때 매우 유익하고 즐거운 성경 공부가 됩니다.

6) 오늘날 나에게 어떻게 적용되는지 살피며 해석해야 합니다.

성경은 비록 과거에 쓰였지만 하나님께서는 그 기록된 말씀을 통하여 각 시대 모든 사람에게 말씀하고 계시므로 성경에 기록된 메시지가 당대 독자들에게 어떻게 들렸는지를 살피면서 지금 나에게 어떻게 적용되는지를 살펴야 됩니다. 지금 나에게 말씀하시는 그 음성을 성령님의 도우심으로 듣게 될 때 말할 수 없는 큰 은혜를 체험하게 됩니다.

우리가 전자제품의 사용방법을 알고 사용하면
유익하고 편리한 것처럼 소그룹 성경공부 문제집도
활용방법을 알고 사용할 때 매우 유익하고 편리합니다.

소그룹 성경 공부의 원리를 알고 공부합시다

1) 성경공부 목적에 충실해야 합니다.

성경공부의 목적은 중생, 신앙성장, 영적교제입니다. 그러므로 신학 쟁론에 빠진다든지 사소한 일의 언쟁에 에너지를 소모하지 말고 하나님 말씀인 성경의 깊은 뜻을 깨닫고 하나님의 음성을 듣는 일에 힘써야 됩니다. 그래서 하나님을 인격적으로 만나 중생하고 회개와 믿음의 결단이 이루어지며 서로 배우고 격려하도록 힘써야 됩니다.

2) 기도에 힘써야 합니다.

성경이 성령의 감동으로 기록되었으므로 성령님의 도우심이 있어야 성경의 진리를 깨달을 수 있습니다. 성령님의 감화가 있는 성경공부가 되도록 기도에 힘써야겠습니다.

3) 즐겁게 배우는 분위기를 이뤄야 합니다.

혼자 공부할 때는 쉽게 지치나 여럿이 즐겁게 공부하면 신바람이 납니다. 그러므로 그룹 구성원들이 서로 즐겁게 배우는 분위기를 이루기에 협력해야 합니다. 반드시 정성껏 사전 준비공부를 하고 성경공부에 참여하는 것이 성공적인 그룹 성경공부의 필수요소입니다. 서로 앞을 다투어 연구하고 배우는 모임을 이루면 처음에는 어리고 연약한 모임도 나중에는 성숙하고 강한 모임으로 성장합니다.

4) 개인의 독무대를 만들지 말고 여럿이 공부하는 모임을 이루어야 합니다.

그룹공부의 어려운 점은 몇몇 수다쟁이, 익살꾼 등이 대화시간을 독차지해 버리는 것입니다. 이것은 미숙한 태도입니다. 듣기도 하고 묻기도 하며 성숙하게 배워가야 하겠습니다.

5) 분위기를 깨지 말고 적극 참여해야 합니다.

그룹공부의 정말 어려운 점은 구경꾼, 실쭉이, 인상파가 찬바람을 일으키기 때문입니다. 성숙한 인도자는 적절한 유머, 성경을 읽도록 권유, 적당한 때 끌어들이기로 이 문제를 잘 해결하지만 너무 소극적인 태도로 나오면 몹시 힘든 것이 사실입니다. 듣기도 할뿐더러 묻기도 하면서 적극적으로 참여하는 성경공부가 되어야 합니다.

6) 성숙한 그룹공부 참여자가 되어야 합니다.

성숙한 사람은 성경공부를 잘 준비해 오는 것은 물론 적극적으로 공부에 참여합니다. 진지한 탐구자의 자세, 예리한 분석과 종합, 실생활에 적절한 적용 등으로 성경공부 수준을 높여갑니다. 그룹 성경공부는 아름다운 영적 교제를 겸한 매우 좋은 성경 진리 탐구 방법입니다.

마태복음 (Matthew)

저자

마태복음의 저자는 12제자 중 한 사람이었던 마태에 의해 기록되었다고 전통적으로 인정되어 왔습니다. 초대 교회 역사가이면서 교부인 유세비우스가 인용한 파피아스의 글에 의하면 "마태가 예수의 말씀을 히브리말로 기록하였다."고 전해집니다. 또 유세비우스보다 1세기 이전 사람인 이레니우스는 "베드로와 바울이 로마에서 복음을 전파하며 교회의 기초를 세우고 있는 동안에 마태는 히브리인들 중에서 그들 자신들의 언어로 복음서를 발행했다."고 말했습니다. 그 외에도 클레멘트는 네 복음서 중 첫 번째의 것은 "한때 세리였다가 나중에 사도가 된 마태에 의해서 기록되었다."고 주장하였습니다.

특징

마태복음은 구약과 신약을 연결하는 교량적 계시를 담고 있는 책입니다. 유대인의 역사를 중점적으로 기록하던 구약은 마태복음에 와서 메시아 그리스도를 통해, 세계 만민을 주권적 통치 아래로 편입시키는 세계 열방의 하나님으로 부각시키고 있습니다. 마태복음은 신약의 첫 번째 책으로서, 옛 계약의 당사자인 이스라엘의 소멸과 새 계약의 당사자인 새 이스라엘(교회)의 창조과정을 그리고 있습니다. 그래서 마태복음은 구약의 요약이면서도 또 새이스라엘인 교회를 위한 표준적 복음서인 것입니다. 저자 자신이 유대인이었으나, 그는 이미 구약적 의식, 선민 사상 속에서 안주하는 낡은 이스라엘이 아니었습니다. 그는 유대인을 향하여, 세계 만민의 하나님을 가르쳤습니다. 따라서 마태복음 안에는 선민이었던 이스라엘의 완악성이 상대적으로 드러나고 이방인들의 믿음과 계시에 대한 개방성과 메시야 통치에 대한 복종과 대망이 부각되고 있습니다. 마태복음은 유대인들의 관심이었던 "예수는 과연 구약에 약속된 다윗의 자손인가?"(1장의 족보는 예수의 다윗 혈통을 증명함) "구약 율법에 대한 예수의 태도는 어떠했는가?"(5:17-율법의 완성자 메시아 예수 부각시킴) "그는 과연 구약에 약속된 한 나라, 즉 하나님 나라를 세우기 위해 왔는가?" 등등에 대해 집중적으로 응답하는 복음서입니다.
특히 마태복음은 초두부터 유대인들이 중시하는 다윗 혈통의 메시아 대망 사상에 능동적으로 응답하기 위하여, 예수의 긴 족보를 소개하고 있습니다. 결국 이 족보를 통해서 예수는 구약에 완성된 유대인의 왕이요, 구약에 예언된 메시아임을 선포하고 있습니다. 그래서 마태복음은 〈왕의 복음〉이라고 불리고 있습니다.

내용 구분

1. 1:1~4:11 왕의 오심과 사역의 준비

2. 4:12~18:35 왕의 갈릴리 사역

4:12~4:25	사역의 시작: 허다한 무리와 예수
5:1~7:29	산상수훈: 제자와 예수
8:1~9:34	9가지 이적들: 다시 허다한 무리와 예수
9:35~12:50	제자의 선택과 파송, 제자도의 대가
13:1~52	천국 비유
13:53~16:12	천국의 사역과 인간의 두 가지 반응: 신앙과 불신앙
16:13~18:35	제자들의 신앙 고백과 수난 예고, 예루살렘 마지막 여행

3. 19:1~28:20 왕의 예루살렘 사역

19:1~20:34	예루살렘으로 가는 여정의 사역들
21:1~23:39	예루살렘 입성과 배척
24:1~25:46	마지막 날들과 최후 심판에 대한 예언들
26:1~27:10	예수의 수난과 제자들의 배반, 변절
27:11~66	예수의 못 박히심
28:1~26	예수의 부활: 제자 파송과 예수 승천

바리새인의 외식을 책망하시는 예수님

- **마태복음 15:1-20(8)**

이 백성이 입술로는 나를 공경하되 마음은 내게서 멀도다

• 시작하는 이야기

오늘날이나 예수님 당시나 사람들은 외모나 형식 등의 겉모습에 많은 신경을 씁니다. 그러나 예수님은 외적인 형식만을 지나치게 강조하는 형식주의자들의 잘못을 지적하십니다. 그리고 진정으로 사람을 더럽게 하는 것이 무엇인가를 가르쳐 주십니다. 본문을 통해 유전을 지키는 형식적인 종교행위와 하나님의 계명을 마음으로 순종하는 참 신앙의 차이를 깊이 깨달을 수 있기를 바랍니다.

말씀의 자리

1. 예루살렘으로부터 온 바리새인과 서기관들이 예수님께 무슨 문제를 가지고 질문합니까(2)?

* 장로들의 전통(유전; 2절): 유대인들은 오경 이외에 하나님이 모세를 통해 주신 구전 율법이 또 있다고 생각했음. 또한 유대교에서는 율법을 가르칠 때 율법의 항목이나 그 원론만을 가르치기 때문에 실제 생활에 구체적으로 적용하기 위한 보다 상세한 규범이 필요하다고 생각했음. 그래서 유대교 랍비들이 고대의 전승 자료들을 중심으로 세세한 생활 규칙들을 집대성하기 시작했는데, 이것이 바로 장로들의 전통임.

2. 예수님은 질문에 답하면서 그들의 어떤 점을 지적합니까(3)? 예수님이 인용한 구약(4; 출 20:12; 21:17)을 참조할 때, 전통이 어떻게 하나님의 계명을 범하고 있습니까(4-6)? 전통과 하나님의 계명은 근본적으로 어떻게 다릅니까?

* 5절에 나타난 전통(유전)은 "고르반"(막 7:11)으로 불리워지는데, 이것은 원래 '헌물'이라는 뜻으로 '하나님께 바쳐진 제물'을 말함. 원래 고르반은 하나님을 높이려는 신앙에서 출발한 좋은 것이었음. 그러다 점차 하나님께 드린 것을 사람이 개인적인 용도로 쓸 수 없도록 막는 맹세의 어구로도 사용되었음. 하지만 처음의 의도와는 달리 이 고르반 제도가 악용되면서 "하나님께 드림이 되었다"라고 하면서 부모님을 봉양하지 않는 일이 많아졌음. 하나님께 대한 신앙을 위한 제도가 부모 공양을 회피하는 도구로 악용된 것임.

ESV

1 Then Pharisees and scribes
came to Jesus from Jerusalem
and said, 2 "Why do your
disciples break the tradition
of the elders? For they do not
wash their hands when they
eat." 3 He answered them,
"And why do you break the
commandment of God for the
sake of your tradition? 4 For
God commanded, 'Honor
your father and your mother,'
and, 'Whoever reviles father
or mother must surely die.' 5
But you say, 'If anyone tells his
father or his mother, "What you
would have gained from me
is given to God," 6 he need
not honor his father.' So for the
sake of your tradition you have
made void the word of God.

3. 예수님이 인용한 이사야 29:13절 말씀에 비추어 볼 때 바리새인과 서기관들의 문제점은 무엇입니까(7-9)? 하나님이 기뻐하시는 참된 예배는 무엇입니까(시 51: 16-17; 요 4:24)?

4. 무리들에게 결론적으로 어떤 교훈을 주십니까(10, 11)? 그 교훈은 예수님께서 바리새인 및 서기관들과 부딪힌 문제와 어떤 연관이 있습니까? 또한 바리새인은 예수님의 말씀에 어떤 반응을 보였습니까(12)?

* 12절의 "걸림이 된다"는 말씀은 예수님의 말씀을 듣고 바리새인들이 감정이 상하고 비위가 상했다는 것을 의미함.

ESV

7 You hypocrites! Well did Isaiah prophesy of you, when he said: 8 "'This people honors me with their lips, but their heart is far from me; 9 in vain do they worship me, teaching as doctrines the commandments of men.'" 10 And he called the people to him and said to them, "Hear and understand: 11 it is not what goes into the mouth that defiles a person, but what comes out of the mouth; this defiles a person." 12 Then the disciples came and said to him, "Do you know that the Pharisees were offended when they heard this saying?"

5. 예수님의 답변 가운데 두 가지 비유를 통해 볼 때(13, 14), 바리새인은 어떤 사람들입니까(요 9:39-41; 롬 2:19-20)? 그들의 최후는 어떠합니까(13b, 14b)?

6. 무리(10), 바리새인(14a), 제자들(15, 16)을 비교해 볼 때, 예수님은 대상에 따라 어떻게 다르게 대하십니까? 거짓 교훈을 주장하며, 자기의 잘못을 고치지 않으려는 사람을 어떻게 대해야 하겠습니까? 두 단계로 생각해 보십시오(1단계: 3-9, 2단계: 14a; 롬 16:17).

7. 베드로의 요청에 대한 예수님의 가르침을 볼 때 사람을 진짜로 더럽히는 것은 무엇입니까(17-20; 딤전 4:3-5 참조)? 그 이유는 무엇입니까(렘 17:9)? 본문에서 언급하는 7가지 목록을 살펴볼 때, 어떻게 이런 것들이 사람을 더럽게 합니까?

ESV

13 He answered, "Every plant
that my heavenly Father has
not planted will be rooted up.
14 Let them alone; they are
blind guides. And if the blind
lead the blind, both will fall into
a pit." 15 But Peter said to him,
"Explain the parable to us." 16
And he said, "Are you also still
without understanding? 17 Do
you not see that whatever goes
into the mouth passes into
the stomach and is expelled?
18 But what comes out of the
mouth proceeds from the
heart, and this defiles a person.
19 For out of the heart come
evil thoughts, murder, adultery,
sexual immorality, theft, false
witness, slander. 20 These are
what defile a person. But to eat
with unwashed hands does not
defile anyone."

삶의 자리

1. 신앙의 전통과 형식이 나쁜 것은 아닙니다. 하지만 전통과 형식 때문에 하나님의 말씀에 담겨있는 본질을 훼손하고, 형식주의적인 삶의 모습을 가지고 살아가는 것은 옳지 않습니다. 당신의 삶 속에 전통과 형식을 하나님의 말씀보다 더 중요하게 여기는 형식주의적인 모습은 없습니까? 특히 하나님을 섬기며 예배하는 삶 속에 이러한 요소는 없는지 깊이 생각해 보십시오.

2. 나와 공동체, 그리고 사회를 더럽히는 요소가 무엇인가 생각해 보시오. 특히 나의 삶의 정결함을 유지하기 위해 무엇이 요구됩니까(잠 4:23, 요일 1:8-10, 딤전 4:5)?

함께 기도합시다

말씀의 자리 +Plus

진짜로 사람을 더럽히는 것

예수님은 씻지 않는 손으로 떡을 먹는 것이 사람을 더럽히지 못한다고 말씀하십니다. 도리어 인간의 악한 마음에서 나오는 일곱 가지, 즉 악한 생각, 살인, 간음, 음란, 도적질, 거짓 증언(위증), 비방(모독) 등이 사람을 진짜로 더럽게 하는 것이라고 말씀하십니다. 살인, 간음, 음란, 도적질, 거짓증거, 훼방은 십계명 중 두 번째 돌판에 새겨졌던 계명들입니다. '악한 생각'은 뒤에 나오는 계명들에 대한 근본적인 악이라고 볼 수 있습니다. 예수님은 유대인 지도자들이 신앙과 윤리를 서로 다른 것으로 구분하여, 하나님을 잘 섬긴다는 미명 하에 윤리적 성격을 지닌 계명들을 무시했음을 책망하고 계십니다. 교회와 신앙공동체 안에서의 종교적 형식을 지키는 것만으로 거룩한 삶을 유지할 수 있다고 생각하지 마십시오. 삶의 모든 자리에서 악한 생각을 버리고, 마음으로부터 하나님을 경외하며 살아갈 때, 우리의 삶이 하나님 보시기에 더욱 깨끗하고 거룩한 삶으로 변화되는 은혜를 맛보게 될 것입니다.

너희는 나를 누구라 하느냐?

- 마태복음 16:13-28(16)

시몬 베드로가 대답하여 이르되 주는 그리스도시요 살아 계신 하나님의 아들이시니이다

• 시작하는 이야기

본문의 말씀은 마태복음을 크게 두 부분으로 나누는 정점이 됩니다. 이제 예수님의 사역은 중요한 전환점을 맞게 되었습니다. 본문에서는 베드로의 귀한 신앙고백과 예수님의 십자가와 부활에 대한 첫 번째 가르침, 제자도 등 주옥같은 말씀을 내포하고 있습니다. 본문을 통해 예수님이 누구신지를 분명히 깨닫고 올바른 신앙고백을 하며 제자의 길을 힘차게 걸어갈 수 있기를 기도합니다.

말씀의 자리

1. 가이사랴 빌립보에서 예수님의 제자들을 향한 질문이 무엇입니까(13)? 예수님에 대한 사람들의 견해와 베드로의 견해가 어떻게 다릅니까(14-16)?

* 가이사랴 빌립보(13절): 갈릴리 북쪽에 있는 지역으로 분봉왕인 헤롯 빌립에 의해 세워졌음.

2. 베드로의 신앙고백에 대한 예수님의 반응이 어떠하며, 베드로가 위대한 신앙고백을 할 수 있었던 이유는 무엇입니까(17; 마 11:25-27)? 18절을 음미해 볼 때 교회의 진정한 의미가 무엇이며(엡 1:22-23 참조), 베드로에게 천국열쇠를 준다는 것은 무엇을 의미합니까(계 1:18, 행 15:5-12)?

* 반석(18절): 헬라어로 '페트라'임. 베드로(헬; 페트로스)는 게바(아람어)의 번역어로 '바위'나 '작은 돌맹이'를 뜻함. 따라서, 예수님은 베드로의 신앙고백이 반석(페트라)과 같은 진리이고, 그 진리위에 교회를 세우시겠다고 말씀하고 계심.
* 매고 푸는 것: 랍비들에게 익숙한 말로 '금하고 허락하는 것'을 의미함.

ESV

13 Now when Jesus came into the district of Caesarea Philippi, he asked his disciples, "Who do people say that the Son of Man is?" 14 And they said, "Some say John the Baptist, others say Elijah, and others Jeremiah or one of the prophets." 15 He said to them, "But who do you say that I am?" 16 Simon Peter replied, "You are the Christ, the Son of the living God." 17 And Jesus answered him, "Blessed are you, Simon Bar-Jonah! For flesh and blood has not revealed this to you, but my Father who is in heaven.

3. 21절의 말씀을 매우 신중하게 이야기 하시는 것을 볼 때, 예수님의 사역과 가르침 중에서 가장 중요한 핵심은 무엇이며, 그 이유는 무엇이라고 생각됩니까(마 1:21)?

4. 예수님의 가르침에 대한 베드로의 반응이 어떠하며, 그가 어떤 점에서 예수님 보실 때 사단의 역할을 하고 있는 것입니까(22, 23; 마 4:8)?

ESV

22 And Peter took him aside and began to rebuke him, saying, "Far be it from you, Lord! This shall never happen to you." 23 But he turned and said to Peter, "Get behind me, Satan! You are a hindrance to me. For you are not setting your mind on the things of God, but on the things of man."

5. 예수님을 따르는 제자의 길 두 가지는 무엇입니까(24, 25)? 제자들에게 예수님은 어떻게 확신(25)과 중요성(26)을 심어 주시며 어떤 격려의 말씀을 주십니까(27, 28)?

* 28절: 많은 논란이 있는 구절이지만, 부활이후에 시작될 하나님 나라의 영광스러운 역사적 모습을 가리키셨다고 보는 것이 가장 적절해 보임. 부활의 날은 예수님이 자신의 왕권을 가지고 영적으로 다스리기 시작하는 날임.

ESV

24 Then Jesus told his disciples, "If anyone would come after me, let him deny himself and take up his cross and follow me. 25 For whoever would save his life will lose it, but whoever loses his life for my sake will find it. 26 For what will it profit a man if he gains the whole world and forfeits his soul? Or what shall a man give in return for his soul? 27 For the Son of Man is going to come with his angels in the glory of his Father, and then he will repay each person according to what he has done. 28 Truly, I say to you, there are some standing here who will not taste death until they see the Son of Man coming in his kingdom."

삶의 자리

1. 오늘날 사람들이 생각하는 예수님은 어떤 분이시며, 당신이 생각하는 예수님은 어떤 분이십니까? 그리고 그 이유는 무엇입니까? 또한 오늘 말씀을 통해 당신이 붙잡고 확신해야 할 예수님은 어떤 분이십니까?

2. 예수님을 그리스도로 믿고 따른다는 것은 주님의 제자가 되는 것을 의미합니다. 당신이 주님의 제자로서 감당해야 할 "자기 부인"과 "자기 십자가"는 구체적으로 무엇입니까?

함께 기도합시다

말씀의 자리 +Plus

위대한 고백, 위대한 삶

많은 사람들이 위대한 스승을 만나고 싶어합니다. 그리고 그러한 스승 밑에서 훌륭한 제자가 되고 싶어합니다. 예수님을 따르던 제자들도 마찬가지였습니다. 그들은 예수님의 제자가 된다는 것이 얼마나 귀한 복인지를 알았습니다. 그러한 제자들에게 이제 예수님은 중요한 질문을 던지십니다. '너희는 나를 누구라 하느냐?' 이 질문에 올바른 답을 하는 사람만이 예수님의 제자가 될 수 있습니다. 베드로가 예수님께 위대한 고백을 합니다. 예수님은 단순히 훌륭하고 뛰어난 인간이 아니라, 우리를 구원할 그리스도(왕)시요, 하나님의 아들이심을 고백합니다. 베드로의 위대한 고백위에 주님은 교회를 세우셨습니다. 교회를 구성하는 사람들은 어떤 사람들입니까? 바로 예수님을 그리스도로 믿고, 살아계신 하나님의 아들로 믿는 위대한 고백을 한 사람들입니다. 이러한 사람들에게 주님은 어떤 삶을 요구하십니까? 자기를 부인하고 자기 십자가를 지라고 말씀하십니다. 어떤 큰 업적을 남기는 것만이 위대한 삶이 아니라, 주님의 제자로서 '제자도'를 실천하는 삶이 위대한 삶입니다. 날마다의 삶 속에서 하나님이 기뻐하시는 위대한 고백을 하고, 위대한 삶을 살아가시기 바랍니다.

영광과 고난의 왕 되신 예수님

- **마태복음 17:1-13(2)**

그들 앞에서 변형되사 그 얼굴이 해 같이 빛나며 옷이 빛과 같이 희어졌더라

• 시작하는 이야기

베드로의 신앙고백과 첫 번째 수난 예고가 있은 지 엿새 후에 예수님이 세 제자만을 데리시고 높은 산에 올라가십니다. 그리고 그 곳에서 자신의 변화되신 모습을 보여주십니다. 제자들은 이 사건을 통해 예수님이 여러 성자 중의 한 분이 아니요 영광스러운 하나님의 아들로서 하나님의 구원 약속을 성취할 그리스도임을 분명히 깨닫게 됩니다. 또한 주님의 영광은 고난이라는 값비싼 대가를 통해 얻어지는 것임을 보여 주고 있습니다. 오늘 말씀을 통해 영광의 왕 되신 예수님을 깊이 영접하고, 기꺼이 주님의 고난에 함께 동참하고자 하는 결단이 있기를 바랍니다.

말씀의 자리

1. 예수님은 언제, 어디서, 누가 보는 가운데 어떤 모습으로 변형되셨습니까(1, 2)? 왜 예수님께서는 세 제자들에게 자신의 변형되신 모습을 보여 주셨을까요(눅 9:31, 벧후 1:16)?

2. 변형되신 예수님은 누구와 대화를 나누셨습니까(3)? 모세와 엘리야는 어떤 사람입니까(출 19:4-6, 31:8, 신 34:5-6, 왕상 18:30, 19:8, 왕하 2:11, 말 4:4-5, 막 9:13)?

ESV

1 And after six days Jesus took with him Peter and James, and John his brother, and led them up a high mountain by themselves. 2 And he was transfigured before them, and his face shone like the sun, and his clothes became white as light. 3 And behold, there appeared to them Moses and Elijah, talking with him.

3. 베드로가 예수님께 제안한 내용은 무엇이며, 무지한 제자들에게 하나님께서는 어떤 말씀을 들려 주셨습니까(4, 5)? 또한 하나님의 음성을 들은 제자들의 반응이 어떠합니까(6)?

* 초막(4절): 옛날 유대에서는 귀한 손님을 위해 초막을 지어 대접하는 풍속이 있었음.
* 구름(5절): 성경 전체를 통해서 주로 하나님의 영광스러운 임재로 상징되었음.

4. 5절 말씀을 통해 볼 때 모세나 엘리야와 예수님은 어떻게 다릅니까(요 1:17-18, 히 3:1-6)?

ESV

4 And Peter said to Jesus,
"Lord, it is good that we are
here. If you wish, I will make
three tents here, one for you
and one for Moses and one for
Elijah." 5 He was still speaking
when, behold, a bright cloud
overshadowed them, and a
voice from the cloud said, "This
is my beloved Son, with whom I
am well pleased; listen to him."
6 When the disciples heard
this, they fell on their faces and
were terrified.

5. 변화산에서 내려올 때 예수님께서 제자들에게 당부한 말씀은 무엇입니까(9)? 왜 그런 당부를 하셨을까요?

6. 엘리야에 대한 제자들의 질문이 무엇이며(10), 왜 이러한 질문을 하게 되었습니까(말 4:4-5)? 제자들의 질문에 대한 예수님의 답변이 무엇입니까(10-13; 마 11:13-14)?

7. 예수님의 답변을 통해 볼 때, 예수님의 영광과 고난은 어떤 관계가 있습니까(9, 12)? 예수님의 고난과 영광이 주님의 고난에 동참하는 당신에게 어떤 위로와 격려가 됩니까(롬 8:17-18)?

ESV

9 And as they were coming
down the mountain, Jesus
commanded them, "Tell no
one the vision, until the Son of
Man is raised from the dead."
10 And the disciples asked
him, "Then why do the scribes
say that first Elijah must come?"
11 He answered, "Elijah does
come, and he will restore all
things. 12 But I tell you that
Elijah has already come, and
they did not recognize him,
but did to him whatever they
pleased. So also the Son of
Man will certainly suffer at their
hands." 13 Then the disciples
understood that he was
speaking to them of John the
Baptist.

삶의 자리

1. 당신이 오늘 본문을 통해 예수님에 대해 새롭게 깨달은 점이 무엇입니까? 오늘날 우리가 어떻게 육안으로 보이지 않는 예수님의 영광을 볼 수 있습니까(요 11:40; 고후 3:16-18)?

2. 예수님의 영광스러운 변형의 사건이 우리에게 어떤 소망을 줍니까(행 7:55; 고전 13:12; 요일 3:2)?

함께 기도합시다

말씀의 자리 +Plus

고난과 영광

우리는 우리의 삶속에 고난이 없기를 바랍니다. 만사형통하고 안정된 삶만이 우리에게 자리 잡기를 기대합니다. 하지만 죄와 악이 존재하는 이 세상에서 살아가는 모든 사람에게는 고난과 어려움이 찾아옵니다. 더군다나 예수님을 따르는 제자의 삶에는 악한 세력과의 싸움으로 말미암는 필연적인 고난이 찾아오게 됩니다. 그렇다면 어떻게 이런 고난을 이기고 승리할 수 있을까요? 그것은 고난 뒤에 있을 찬란한 영광을 바라볼 때 가능합니다. 예수님은 부활의 승리를 맞이하기 전에 십자가의 고난을 당하셨습니다. 또한 그 주님을 따르는 제자들도 예수님을 위해 고난당할 것을 아셨기에, 예수님은 사랑하는 핵심 제자 3명을 데리고 장차 누리게 될 영광을 미리 맛보게 하신 것입니다. 이러한 영광에 대한 체험은 제자들에게 잊지 못할 은혜의 체험이 되었고, 그들이 끝까지 주를 위해 충성하게 하는 격려가 되었습니다. 바울도 “자녀이면 또한 상속자 곧 하나님의 상속자요 그리스도와 함께 한 상속자니 우리가 그와 함께 영광을 받기 위하여 고난도 함께 받아야 할 것이니라. 생각하건대 현재의 고난은 장차 우리에게 나타날 영광과 비교할 수 없도다(롬 8:17-18)” 라고 말씀하고 있습니다. 현재 내 앞에 있는 고난의 길을 영광의 주님을 바라보며 걸어갈 수 있기를 바랍니다.

권징과 용서

● **마태복음** 18:15-35(35)

너희가 각각 마음으로부터 형제를 용서하지 아니하면 나의 하늘 아버지께서도 너희에게 이와 같이 하시리라

• 시작하는 이야기

신앙 공동체 안에도 연약한 사람들이 모이기에 죄의 문제가 여전히 존재합니다. 개인적인 죄악은 물론이거니와, 다툼, 시기, 미움 등의 공동체적 죄악이 존재하기도 합니다. 이러한 죄 문제 앞에서 교회나 신앙 공동체는 죄를 해결하고 거룩함을 유지해야 합니다. 오늘 말씀은 어떻게 죄를 해결하고 거룩함을 유지할 수 있는지를 우리에게 가르쳐 줍니다.

말씀의 자리

1. 15-17절을 살펴보면 4개의 조건절(~하거든)이 나옵니다. 그 내용이 각각 무엇입니까?

2. 신앙 공동체 안에서 범죄한 형제를 도우려면 어떤 마음과 자세로 권고해야 합니까(15, 16; 갈 6:1; 엡 4:14-16)?

ESV

15 "If your brother sins against
you, go and tell him his fault,
between you and him alone.
If he listens to you, you have
gained your brother. 16 But
if he does not listen, take one
or two others along with you,
that every charge may be
established by the evidence of
two or three witnesses. 17 If he
refuses to listen to them, tell it
to the church. And if he refuses
to listen even to the church, let
him be to you as a Gentile and
a tax collector

3. 17절은 교회의 "권징"을 말씀하는 것으로 성경 여러 군데에서 강조되고 있습니다(고전 5장, 살후 3:6-15, 딤후 2:23-26, 딛 3:10). 신앙 공동체 안에서 "권징"은 왜 필요하며, 마음자세는 어떠해야 하며, 그 목적은 어디에 있습니까? 특히 "이방인과 세리같이 여기라"는 말씀은 무슨 뜻입니까?

4. 권징을 말씀하시면서 주님이 바른 권징을 행해야 할 교회에 어떤 권위를 주십니까(18)? 특히 교회나 신앙공동체는 범죄한 사람의 회복을 위해 어떻게 해야 합니까(19)? 하나님이 우리의 기도를 들어주시는 근거는 무엇이며, 주님의 이름으로 모이는 신앙 공동체가 누리게 되는 하나님의 은혜는 무엇입니까(20)?

ESV

18 Truly, I say to you, whatever you bind on earth shall be bound in heaven, and whatever you loose on earth shall be loosed in heaven. 19
Again I say to you, if two of you agree on earth about anything they ask, it will be done for them by my Father in heaven.
20 For where two or three are gathered in my name, there am I among them."

5. 죄에 대한 권고, 회개와 용서 등의 교훈을 가르치신 예수님께 베드로가 어떤 기대를 가지고, 무슨 질문을 합니까(21)? 또한 그에 대한 예수님의 답변은 무엇입니까(22)?

* 유대인 랍비들은 3회까지는 용서해 주되 4회는 절대 용서하지 말라고 가르쳤음.

6. 예수님은 용서에 대해 가르치시면서 '용서할 줄 모르는 종의 비유'를 말씀해 주십니다. 23-35절에 나타난 비유의 내용을 간략하게 설명해 보시오.

* 일만 달란트는 6,000만 데나리온으로써(1데나리온은 노동자의 1일 품삯에 해당함) 100데나리온의 60만배임.

7. 비유를 통해 볼 때, 종이 왜 동료를 용서하지 않았습니까(27, 30)? 용서하지 않았을 때 어떤 결과를 초래했습니까(34, 35)? 우리가 어떻게 용서할 수 있으며(33, 엡 4:32), 진정한 용서는 어떤 것입니까(35a)?

ESV

21 Then Peter came up and said
to him, "Lord, how often will my
brother sin against me, and I forgive
him? As many as seven times?" 22
Jesus said to him, "I do not say to
you seven times, but seventy-seven
times. 23 "Therefore the kingdom of
heaven may be compared to a king
who wished to settle accounts with
his servants. 24 When he began to
settle, one was brought to him who
owed him ten thousand talents. 25
And since he could not pay, his
master ordered him to be sold, with
his wife and children and all that he
had, and payment to be made. 26
So the servant9 fell on his knees,
imploring him, 'Have patience with
me, and I will pay you everything.'
27 And out of pity for him, the
master of that servant released him
and forgave him the debt. 28 But
when that same servant went out,
he found one of his fellow servants
who owed him a hundred denarii,
and seizing him, he began to choke
him, saying, 'Pay what you owe.' 29
So his fellow servant fell down and
pleaded with him, 'Have patience
with me, and I will pay you.' 30 He
refused and went and put him in
prison until he should pay the debt.
31 When his fellow servants saw
what had taken place, they were
greatly distressed, and they went
and reported to their master all that
had taken place. 32 Then his master
summoned him and said to him,
'You wicked servant! I forgave you
all that debt because you pleaded
with me. 33 And should not you
have had mercy on your fellow
servant, as I had mercy on you?' 34
And in anger his master delivered
him to the jailers, until he should pay
all his debt. 35 So also my heavenly
Father will do to every one of you, if
you do not forgive your brother from
your heart."

삶의 자리

1. 권징이란 선한 일을 권장하고 악한 일을 징계하는 것을 말합니다. 교회나 신앙공동체 안에 왜 권징이 필요하다고 생각하십니까? 권징이 범죄한 형제에게, 그리고 신앙공동체에 어떤 유익이 있습니까?

2. 다른 사람을 용서해 준 아름다운 경험이 있다면 서로 나누어 보십시오. 혹시 아직 진심으로 용서할 수 없는 사람이 있습니까? 만약 있다면 어떻게 해야 하겠습니까?

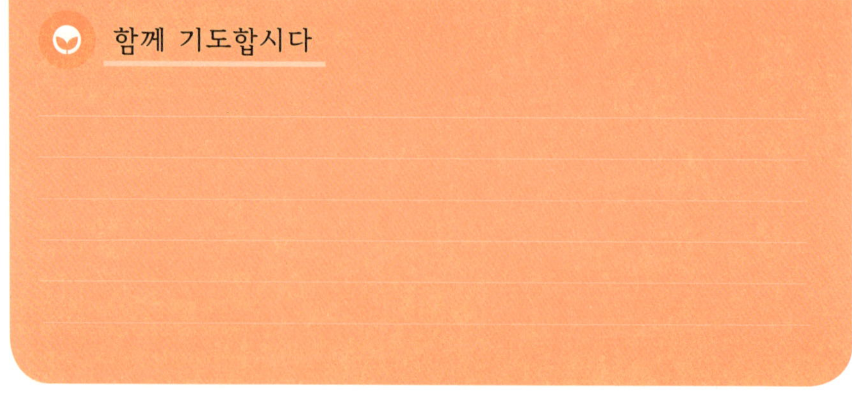

말씀의 자리 +Plus

권징과 용서, 어떻게 할까?

사람은 모두가 연약하기 때문에 실수할 수 있습니다. 그리스도인들 사이에서도 실수나 범죄가 일어납니다. 그럴 때 어떻게 해야 합니까? 예수님은 4번의 권고를 통해 회복하고 돌이킬 기회를 주도록 말씀하십니다. 또한 형제의 회복을 위해 하나님께 합심하여 간구할 것도 말씀하십니다. 무엇보다 중요한 것은 권징의 목적이 '죽이기 위한 것'이 아니라, '살리기 위한 것'임을 용서에 관한 비유를 통해 우리에게 가르쳐 주십니다. 같은 잘못을 반복하는 형제를 계속해서 용서하는 것은 결코 쉬운 일이 아닙니다. 그런데 예수님은 용서의 '횟수'만이 아니라, 용서의 '태도'까지도 지적하시면서, '마음 중심으로' 용서하라고 말씀하십니다(35절). 하지만 우리가 어떻게 이런 '초자연적인 용서'를 할 수 있을까요? 비유의 말씀처럼 우리는 우리 동료와 형제가 우리에게 잘못한 것보다도 더 크고 많은 잘못과 죄를 하나님으로부터 탕감 받은 자들이기 때문에 용서해야 합니다. 나의 힘으로 용서할 수 없지만, 하나님이 우리를 용서하신 그 사랑을 힘입어, 성령을 의지하여 우리도 다른 형제 자매들을 용서하며 사랑합시다!

결혼과 가정

● 마태복음 19:3-15(6)

그런즉 이제 둘이 아니요 한 몸이니 그러므로 하나님이 짝지어 주신 것을 사람이 나누지 못할지니라 하시니

• 시작하는 이야기

결혼과 가정에 관한 제도는 인간이 타락하기 전에 이미 하나님이 제정하신 매우 중요하고 귀한 법입니다. 그런데 오늘날 왜곡된 결혼관을 가지고 살아가는 젊은이들이 많고, 결혼과 이혼을 너무나 쉽게 생각하는 사람들도 많습니다. 그로 말미암아 깨어지고 상처 입은 가정들이 많이 생겨나는 안타까운 현실이 되었습니다. 이러한 시대에 우리는 결혼과 가정의 제도를 세우신 예수님의 말씀을 깊이 있게 새겨들어야 할 필요가 있습니다. 오늘 말씀을 통해 올바른 결혼관과 가정관을 새롭게 정립하는 시간이 될 수 있기를 바랍니다.

말씀의 자리

1. 예수님의 관심(2)과 바리새인의 관심(3a)이 어떻게 대조됩니까? 바리새인들의 질문이 어떤 점에서 시험이 됩니까?

* 그 당시 이혼문제에 대한 모세의 율법(신 24:1-4)을 놓고 유대의 두 학파의 견해가 달랐음. 힐렐학파는 '수치되는 일'에 여러 가지 사소한 이유를 다 포함 시켰고, 샴마이 학파는 간음하는 경우만을 수치되는 일로 주장함.

2. 예수님은 대답을 하시기 위해 신명기의 모세 율법 대신에 먼저 어느 말씀을 인용하십니까(4, 5)? 이 말씀 속에서 예수님이 강조하고자 하는 바는 무엇입니까? 특히 ① 결혼의 기원 및 의미(4, 5; 창 2:18, 20-23), ② 결혼의 성격(6, 창 2:24)을 살펴보시오.

* 읽지 못하였으냐(5절): 바리새인들이 성경의 한 부분만을 강조해 논쟁하고 더 중요한 부분을 무시하는 실수를 지적하신 것임.

ESV

3 And Pharisees came up to
him and tested him by asking,
"Is it lawful to divorce one's
wife for any cause?" 4 He
answered, "Have you not read
that he who created them from
the beginning made them
male and female, 5 and said,
'Therefore a man shall leave
his father and his mother and
hold fast to his wife, and the
two shall become one flesh'? 6
So they are no longer two but
one flesh. What therefore God
has joined together, let not
man separate."

3. 예수님의 답변이 끝나기도 전에 그들은 다시 무슨 질문을 합니까(7, 신 24:1-4 참조)? 예수님은 모세의 이혼에 관한 율법을 어떻게 해석하십니까(8)? "내가 너희에게 말하노니"가 내포하는 의미는 무엇입니까(9, 마 5:17, 20)? 예수님은 어떤 경우에만 이혼이 가능하다고 말씀하십니까(9)?

4. 제자들이 어떤 문제를 제기하며 왜 그런 문제를 제기한다고 생각합니까(10)? 제자들마저 이렇게 생각하는 것을 볼 때, 그 당시의 "여성관", "결혼관", "이혼관"이 어떠했다고 생각됩니까?

ESV

7 They said to him, "Why then did Moses command one to give a certificate of divorce and to send her away?" 8 He said to them, "Because of your hardness of heart Moses allowed you to divorce your wives, but from the beginning it was not so. 9 And I say to you: whoever divorces his wife, except for sexual immorality, and marries another, commits adultery." 10 The disciples said to him, "If such is the case of a man with his wife, it is better not to marry."

5. 제자들의 질문에 대한 예수님의 답변은 무엇이며, 예수님은 어떤 경우에 독신생활이 가능하다고 말씀하십니까(11, 12; 고전 7:7-9)?

6. 아이는 가정에 열매로 주시는 하나님의 귀한 선물입니다. 예수님과 제자들의 아이를 대하는 태도가 각각 어떻게 다릅니까(13-15)? 또한 예수님은 어린 아이들을 통해 어떤 진리를 가르쳐 주십니까?

ESV

11 But he said to them, "Not
everyone can receive this
saying, but only those to
whom it is given. 12 For there
are eunuchs who have been
so from birth, and there are
eunuchs who have been
made eunuchs by men, and
there are eunuchs who have
made themselves eunuchs
for the sake of the kingdom
of heaven. Let the one who
is able to receive this receive
it." 13 Then children were
brought to him that he might
lay his hands on them and
pray. The disciples rebuked
the people, 14 but Jesus said,
"Let the little children come to
me and do not hinder them, for
to such belongs the kingdom
of heaven." 15 And he laid his
hands on them and went away.

삶의 자리

1. 성경적인 결혼관(결혼의 의미, 이유, 목적…등)에 대해 이야기해 보십시오. 또한 성경적인 이혼관, 독신관에 대해서도 나누어 보십시오.

2. 하나님이 기뻐하시는 결혼과 가정을 생각할 때, 당신이 지금부터 준비하고 기도해야 할 것은 무엇입니까?

함께 기도합시다

말씀의 자리 +Plus

결혼, 이혼, 재혼, 독신에 관련된 말씀들

1. 결혼

* 창 2:24_ 결혼은 하나님이 제정하신 것으로 두 사람의 남녀가 부모를 떠나 동등한 인격체로 연합해 가정을 이루는 것입니다.
* 고전 7:2_ 결혼의 목적 중 하나는 성적 타락을 막고 신앙의 순결을 지키기 위함입니다.

2. 이혼

* 마 19:6_ 결혼한 두 사람은 공동 운명체적 존재로 한 몸을 이루므로 하나님은 이혼을 반대하십니다.
* 마 5:32_ 간음은 이혼 사유 중 하나지만 다른 이유로 이혼하는 것은 간음하는 것과 같습니다.
* 말 2:16_ 이혼은 하나님이 기뻐하지 않습니다.

3. 재혼

고전 7:39_ 결혼 관계는 살아 있을 동안 성립되는 것이기 때문에 배우자가 죽으면 주 안에서 재혼 할 수 있습니다.

4. 독신

고전 7:8_ 독신은 하나님을 더 잘 섬길 수 있는 유익이 있습니다.
마 19:10-12_ 그러나 독신은 특별한 은사의 영역에 속합니다.

포도원 품꾼의 비유

- 마태복음 20:1-16(14)

네 것이나 가지고 가라 나중 온 이 사람에게 너와 같이 주는 것이 내 뜻이니라

• 시작하는 이야기

오늘 본문의 비유는 하나님 나라의 원리를 우리에게 가르쳐 줍니다. 또한 그 원리를 깨닫고 살아가는 주님의 일꾼들이 어떤 태도와 자세로 하나님 나라의 일을 감당하면서 살아야 할지를 가르쳐 줍니다. 오늘 말씀을 통해 하나님의 귀한 은혜와 그 은혜를 받은 자로 어떻게 살아야 할지를 깊이 깨닫는 시간이 되시기 바랍니다.

말씀의 자리

1. 포도원 주인이 어떤 사람들을 불러 일을 시킵니까(2-7)?

* 데나리온: 신약 시대에 일꾼의 하루치 삯을 나타내는 로마인들이 발행했던 은전을 말함.

2. 저녁때가 되어 주인은 품삯을 어떻게 계산하여 주었습니까(8-10)?

ESV

1 "For the kingdom of heaven
is like a master of a house who
went out early in the morning to
hire laborers for his vineyard.
2 After agreeing with the
laborers for a denarius a day,
he sent them into his vineyard.
3 And going out about the third
hour he saw others standing
idle in the marketplace, 4 and
to them he said, 'You go into
the vineyard too, and whatever
is right I will give you.' 5 So
they went. Going out again
about the sixth hour and the
ninth hour, he did the same. 6
And about the eleventh hour
he went out and found others
standing. And he said to them,
'Why do you stand here idle
all day?' 7 They said to him,
'Because no one has hired
us.' He said to them, 'You go
into the vineyard too.' 8 And
when evening came, the
owner of the vineyard said to
his foreman, 'Call the laborers
and pay them their wages,
beginning with the last, up to
the first.' 9 And when those
hired about the eleventh hour
came, each of them received
a denarius. 10 Now when
those hired first came, they
thought they would receive
more, but each of them also
received a denarius.

3. 어떤 사람들이 무슨 원망을 합니까(10-12)? 왜 주인에게 잘못이 없습니까(13)?

4. 주인이 품삯을 지불한 근거가 무엇입니까(13-15; 롬 9:15-16)?

ESV

10 Now when those hired first
came, they thought they would
receive more, but each of
them also received a denarius.
11 And on receiving it they
grumbled at the master of the
house, 12 saying, 'These last
worked only one hour, and you
have made them equal to us
who have borne the burden
of the day and the scorching
heat.' 13 But he replied to one
of them, 'Friend, I am doing
you no wrong. Did you not
agree with me for a denarius?
14 Take what belongs to you
and go. I choose to give to this
last worker as I give to you. 15
Am I not allowed to do what I
choose with what belongs to
me? Or do you begrudge my
generosity?'

5. 본문의 비유를 둘러싸고 있는 주님의 말씀이 무엇입니까(19:30, 20:16)? 이러한 말씀을 볼 때, 이 비유는 1차적으로 누구에게 주시는 말씀입니까(19:27, 20:20-28)?

6. 하나님의 일꾼으로 부름 받은 사람들은 하나님이 보상해 주십니다(19:28-29; 고전 3:6-8). 하지만 본문의 비유를 볼 때 일꾼으로 부름 받은 사람들이 주의해야 할 것은 무엇입니까(20:11-12; 눅 15:25-32 참조)?

7. 본문은 하나님 나라(천국)에 관한 말씀입니다(1). 포도원 주인의 모습을 통해 우리는 하나님 나라의 어떤 특성을 알 수 있습니까?

ESV

16 So the last will be first, and the first last."

삶의 자리

1. 당신은 언제 하나님의 부르심과 사명을 받았습니까? 또한 하나님 나라를 위해 어떻게 일하고 있습니까?

2. 선하신 하나님과 그 하나님 나라의 특성을 생각할 때, 당신은 하나님의 부르심 앞에, 그리고 베푸신 은혜와 보상 앞에 어떤 태도와 자세로 살아가야 하겠습니까?

함께 기도합시다

말씀의 자리 +Plus

천국의 특성

본문에 나타난 '품꾼을 얻어 포도원에 들여보내려고 이른 아침에 나간 집 주인'은 '천국'에 비유되고 있습니다. 그러므로 이 집 주인의 행동과 태도는 천국의 특성을 잘 보여주고 있습니다. 일의 양과 품삯이 비례해야 한다는 것은 이 세상의 일반적인 생각입니다. 하지만 천국은 일의 양으로 들어가는 곳이 아니라 주인의 초청과 약속을 근거로 들어가는 곳임을 본문의 비유는 우리에게 가르쳐 줍니다. 즉 우리의 구원에 '행위의 원리'가 아닌 '은혜의 원리'가 작동되는 곳이 천국입니다. 사실, 그 누구도 자신의 행위나 그 어떠함으로 예수님의 구원의 자리에 부름을 받을 만한 자격이 없습니다. 하지만, 주님은 우리를 불쌍히 여기셔서 구원의 자리로 불러 주셨습니다. 우리를 부르신 예수님은 우리에게 영생을 약속하시고, 하나님의 위대한 구원 역사에 동역자로 부르셔서 귀한 사명을 주셨습니다. 우리가 의미 있는 곳에 부름 받고 쓰임 받는다는 것은 그 자체만으로 가치 있고 귀한 일입니다. 하물며 영원한 하나님 나라를 위해 우리가 부름 받고 쓰임을 받는다는 것이 얼마나 귀한 일입니까? 따라서 우리는 다른 일꾼들과 자신을 비교하면서 포도원 주인을 원망했던 먼저 된 자들처럼 살아서는 안 될 것입니다. 도리어 일할 자격이 없는 자를 불러 주신 은혜를 감사하며 겸손하게 주님께 충성하는, 나중에 와서 한 시간 밖에 일하지 않는 사람과 같은 마음으로 주님의 일을 감당하는 일꾼이 되어야 하겠습니다.

왕의 잔치에 합당한 자

- **마태복음 22:1-14(14)**

청함을 받은 자는 많되 택함을 입은 자는 적으니라

• 시작하는 이야기

예수님은 천국을 '아들을 위하여 혼인잔치를 베푼 임금'과 같다고 비유하였습니다. 본문에선 크게 두 부류의 인물군이 나오는데, 하나는 미리 초청에 응하기로 약속하고도 당일 오지 않아 임금의 진노를 받게 된 사람들과, 자격은 없었으나 당일 초청되어 잔치에 참여하게 된 사람들입니다. 하나님은 우리를 위해 큰 잔치를 베풀고 초청하고 있습니다. 몇 번이고 자기 종들을 보내어 초청하지만 그 중에 잔치에 참석하게 되는 수는 지극히 적습니다. 오늘 말씀은 하나님의 사랑과 은혜에 무관심한 인생이 결국 어떻게 되는지 경고하고 있습니다. 이 천국잔치에 참여하기 위한 우리의 마음가짐은 어떠해야 하며, 어떤 준비가 필요한지 배울 수 있게 됩니다.

말씀의 자리

1. 비유에서 등장하는 임금, 아들, 혼인 잔치, 종들, 청한 사람들, 사거리 길가 사람들은 누구(무엇)를 비유합니까?

2. 임금이 혼인 잔치 준비를 완료하고 청함 받은 자들을 초청하였을 때 그들의 반응은 무엇이었습니까(3-6)? 초청에 응하지 않은 그들의 잘못은 무엇이며, 왜 그랬을까요?

ESV

1 And again Jesus spoke to
them in parables, saying, 2
"The kingdom of heaven may
be compared to a king who
gave a wedding feast for his
son, 3 and sent his servants
to call those who were invited
to the wedding feast, but they
would not come. 4 Again he
sent other servants, saying,
'Tell those who are invited,
"See, I have prepared my
dinner, my oxen and my fat
calves have been slaughtered,
and everything is ready.
Come to the wedding feast."'
5 But they paid no attention
and went off, one to his farm,
another to his business, 6 while
the rest seized his servants,
treated them shamefully, and
killed them.

3. 임금이 노한 이유는 무엇입니까(7, 8)?

4. 왕의 잔치에 결국 어떤 자들이 초청되었습니까(8-10)? 혼인 잔치에 초청되어 왔음에도 참석할 수 없는 사람은 누구이며 임금은 그를 어떻게 합니까(11-13)?

* 주(註)예복: 당시 왕의 잔치에 참여하기 위해서는 반드시 궁궐에서 주는 예복을 착용해야 하는 관습이 있었음(롬13:14).

ESV

7 The king was angry, and he
sent his troops and destroyed
those murderers and burned
their city. 8 Then he said to his
servants, 'The wedding feast is
ready, but those invited were
not worthy. 9 Go therefore to
the main roads and invite to the
wedding feast as many as you
find.' 10 And those servants
went out into the roads and
gathered all whom they found,
both bad and good. So the
wedding hall was filled with
guests. 11 "But when the king
came in to look at the guests,
he saw there a man who had
no wedding garment. 12 And
he said to him, 'Friend, how
did you get in here without a
wedding garment?' And he
was speechless. 13 Then the
king said to the attendants,
'Bind him hand and foot
and cast him into the outer
darkness. In that place there
will be weeping and gnashing
of teeth.

5. 혼인 잔치 비유의 전체 교훈이 무엇입니까(14)?

ESV

14 For many are called, but few are chosen."

삶의 자리

1. 이 비유는 자기 아들을 위해 혼인 잔치를 베풀고 초청하시는 하나님에 대한 유대인들의 모습을 비꼬고 있는 말씀입니다. 예수님이 지적하고 있는 그들의 죄는 무엇입니까?

2. 임금 아들의 혼인 잔치는 어떤 잔치입니까? 이 잔치에 참여하기 위해서는 어떤 마음자세와 어떤 준비가 필요합니까?

함께 기도합시다

말씀의 자리 +Plus

잔치에 참여하기 위한 조건

임금 아들의 혼인잔치는 예수님의 십자가 사건을 말합니다. 이 잔치에 참여한다는 것은 임금 하나님의 초청(계획)에 동참하는 것이며, 죄 사함의 은혜를 덧입는 것과 같습니다. 하나님은 우리를 사랑하셔서 자기 아들 예수님을 십자가에 내주기까지 하셨습니다. 이 하나님이 베푸신 잔치에는 온갖 먹거리가 가득하고 기쁨이 가득하여 모든 준비가 되어 있습니다. 이제 하나님은 누구든지 값없이 참석하여 마음껏 먹기만을 바랍니다. 그런데도 이 은혜와 사랑을 멸시하고 고의적으로 대적하는 이들이 있으니 결국 그들은 진멸되고 심판받게 됩니다.

또한 이 잔치에는 반드시 하나님이 주신 예복을 입어야만 합니다. 누구든지 값없이 주시는 예수 그리스도의 의의 옷을 입지 않고는 들어갈 수 없습니다. 모든 사람들을 초청하지만 결국 택함 받은 사람은 소수라는 사실을 볼 때, 부르심의 은혜에 감사하는 마음을 가져야 하고 믿음의 예복을 입고 즐거이 초청 잔치에 참여해야 하겠습니다. 당신은 이 예복을 받아 준비해 놓고 있습니까? 지금 이 시간 누구든지 예수님을 나의 구주로 영접함으로 이 예복을 입을 수 있습니다.

왕의 재림 징조

● **마태복음 24:1-14(14)**

이 천국 복음이 모든 민족에게 증언되기 위하여 온 세상에 전파되리니 그제야 끝이 오리라

• 시작하는 이야기

성경은 세상의 시작이 있듯이 끝도 있다고 가르칩니다. '세상의 마지막 때'를 말세(末世)라고 말합니다. 사람들은 그때가 언제인지, 그때 어떤 일들이 벌어질지 등등, 말세에 대해 궁금해 합니다. 예수님 당시 제자들도 세상 끝의 징조에 대해 궁금해 했습니다. 예수님은 제자들에게 먼저 미혹 받지 않도록 주의하라고 하십니다. 그리고 큰 환난과 함께 땅 끝까지 천국 복음이 전파되는 것이라고 말씀해 주십니다. 오늘 말씀을 통해서 예수님의 재림을 사모하는 성도들이 이 땅에서 어떻게 준비하며 살아야 하는지 배울 수 있습니다.

말씀의 자리

1. 제자들이 예수님께 무슨 질문을 하였습니까(3)? 질문하게 된 동기는 무엇입니까(1-3)?

2. 말세의 때 사람들이 받게 될 미혹은 무엇입니까(4, 5, 11; 참조 23-24)?

ESV

1 Jesus left the temple and
was going away, when his
disciples came to point out
to him the buildings of the
temple. 2 But he answered
them, "You see all these, do
you not? Truly, I say to you,
there will not be left here one
stone upon another that will
not be thrown down." 3 As he
sat on the Mount of Olives,
the disciples came to him
privately, saying, "Tell us,
when will these things be, and
what will be the sign of your
coming and of the end of the
age?" 4 And Jesus answered
them, "See that no one leads
you astray. 5 For many will
come in my name, saying, 'I
am the Christ,' and they will
lead many astray

3. 재난의 시작을 알리는 징조들은 무엇이 있습니까(6-12)?

ESV

6 And you will hear of wars
and rumors of wars. See that
you are not alarmed, for this
must take place, but the end
is not yet. 7 For nation will rise
against nation, and kingdom
against kingdom, and there will
be famines and earthquakes
in various places. 8 All these
are but the beginning of the
birth pains. 9 "Then they will
deliver you up to tribulation
and put you to death, and you
will be hated by all nations for
my name's sake. 10 And then
many will fall away and betray
one another and hate one
another. 11 And many false
prophets will arise and lead
many astray. 12 And because
lawlessness will be increased,
the love of many will grow cold

4. 진정한 세상의 끝은 언제 옵니까(14)? 예수님은 세상의 끝이 다가 올수록 제자들이 어떤 자세를 가져야 한다고 가르치십니까(4, 13; 참조, 42-44)?

ESV

13 But the one who endures to
the end will be saved. 14 And
this gospel of the kingdom will be proclaimed throughout the whole world as a testimony to all nations, and then the end will come.

삶의 자리

1. 우리 주변에 거짓 선생에게 미혹된 사람은 없습니까? 당신이 이런 미혹에 넘어가지 않으려면 어떤 준비가 더욱 필요하겠습니까?

2. 당신은 재림을 사모하며, 기다리고 있습니까? 예수님의 재림을 기다리는 성도가 힘써야 할 일이 무엇입니까?

함께 기도합시다

말씀의 자리 +Plus

예수님의 재림

예수님은 세상 끝의 징조를 묻는 제자들에게 "너희가 사람의 미혹을 받지 않도록 주의하라"고 경계하셨습니다. 적 그리스도와 거짓 선지자들의 출현, 끊임없는 전쟁과 전쟁 소문, 처처에서 일어나는 기근과 지진, 성도들에 대한 큰 환난과 핍박 등이 있을 것이라고 말해 주셨습니다. 이런 징조들은 불안한 마음을 갖게 합니다. 그래서 오늘날도 이단(異端)들은 이런 불안한 요소들을 강조하며 마음을 미혹케 하고 있습니다. 그러면서 자신들의 교주가 재림주라고 속이기도 합니다. 참된 주님의 제자들은 이 모든 것들보다도 더 확실한 징조가 있음을 잊지 말아야 합니다. 바로 온 세상에 복음이 전파된 뒤에야 주님이 임하신다는 사실입니다. 이 말씀으로 예수님은 제자들의 주된 관심을 세상 끝의 징조에서 온 세상에 나아가 모든 민족에게 복음을 전하는 것으로 바꾸어 주셨습니다. 그 후 제자들은 모든 환난 가운데도 두려워하지 않고, 땅 끝까지 나아가 복음을 전하는 일에 전심전력하였습니다. 하나님을 사랑하는 사람은 주의 재림을 사모하며 기다립니다. 주님이 언제 오실 지 알 수 없기에 세상으로부터 자신을 구별된 존재로 남기기 위해서 깨어있기를 힘씁니다. 또한 마지막 때가 오기까지 주님이 내게 맡겨주신 사명을 성실함으로 감당합니다. 복음을 증거하고 빛과 소금의 삶을 지켜 나갑니다.

왕의 재림을 기다리는 사람의 자세

● 마태복음25:1-30(21)

그 주인이 이르되 잘하였도다 착하고 충성된 종아 네가 적은 일에 충성하였으매 내가 많은 것을 네게 맡기리니 네 주인의 즐거움에 참여할지어다 하고

• 시작하는 이야기

오늘 말씀에 앞서 예수님은 제자들에게 예루살렘 멸망을 경고하고 그의 재림을 예언하였습니다. 그러나 예수님이 오시는 날과 때는 하나님 아버지 외에는 아무도 모름을 밝혔습니다. 그 사실을 더 자세히 설명하기 위해 주님은 비유로 말씀해 주셨습니다. 신랑과 열 처녀 비유, 달란트 비유는 모두 '하나님의 때'를 기다리는 사람의 자세가 어떠해야 하는지 말해주고 있습니다. 이 비유를 통해 재림을 예비하는 사람들의 마땅한 자세를 배울 수 있기 바랍니다.

• 말씀의 자리

1. 혼인잔치의 열 처녀는 신부 들러리입니다. 밤중에 도착한 신랑을 맞이할 때 미련한 다섯 처녀와 슬기로운 다섯 처녀의 공통점과 차이점은 무엇입니까(3, 4)?

2. 그 차이가 어떻게 나타납니까(6-13)?

ESV

1 "Then the kingdom of
heaven will be like ten virgins
who took their lamps and went
to meet the bridegroom. 2
Five of them were foolish, and
five were wise. 3 For when the
foolish took their lamps, they
took no oil with them, 4 but the
wise took flasks of oil with their
lamps. 5 As the bridegroom
was delayed, they all became
drowsy and slept. 6 But at
midnight there was a cry, 'Here
is the bridegroom! Come out
to meet him.' 7 Then all those
virgins rose and trimmed their
lamps. 8 And the foolish said to
the wise, 'Give us some of your
oil, for our lamps are going
out.' 9 But the wise answered,
saying, 'Since there will not
be enough for us and for you,
go rather to the dealers and
buy for yourselves.' 10 And
while they were going to buy,
the bridegroom came, and
those who were ready went
in with him to the marriage
feast, and the door was shut.
11 Afterward the other virgins
came also, saying, 'Lord,
lord, open to us.' 12 But he
answered, 'Truly, I say to you,
I do not know you.' 13 Watch
therefore, for you know neither
the day nor the hour.

3. 주인과 종, 달란트는 무엇을 비유합니까?

* 주(註) "달란트"는 원래 무게 단위임. 그 당시는 화폐 단위였음. 한 달란트를 벌기 위해서는 노동자 한사람이 20년간 일해야 함. 오늘날은 '재능'이란 의미로 사용함.

4. 주인이 타국에 들어갈 때 종들에게 각각 무엇을 맡겼습니까(15)? 종들은 각각 어떻게 했습니까(16-18)?

ESV

15 To one he gave five talents,
to another two, to another one,
to each according to his ability.
Then he went away. 16 He who
had received the five talents
went at once and traded with
them, and he made five talents
more. 17 So also he who had
the two talents made two
talents more. 18 But he who
had received the one talent
went and dug in the ground
and hid his master's money

5. 주인이 돌아와 첫째와 둘째 종을 어떻게 칭찬하며, 무슨 상급을 주십니까(19-23)?

6. 셋째 종은 어떤 점에서 주인을 오해했으며, 그의 잘못은 무엇입니까(24-27)? 그가 받는 벌이 어떠합니까(30)?

ESV

19 Now after a long time the master
of those servants came and settled
accounts with them. 20 And he who
had received the five talents came
forward, bringing five talents more,
saying, 'Master, you delivered to me
five talents; here I have made five
talents more.' 21 His master said to
him, 'Well done, good and faithful
servant. You have been faithful over
a little; I will set you over much. Enter
into the joy of your master.' 22 And
he also who had the two talents
came forward, saying, 'Master, you
delivered to me two talents; here I
have made two talents more.' 23
His master said to him, 'Well done,
good and faithful servant. You have
been faithful over a little; I will set
you over much. Enter into the joy
of your master.' 24 He also who
had received the one talent came
forward, saying, 'Master, I knew you
to be a hard man, reaping where
you did not sow, and gathering
where you scattered no seed, 25
so I was afraid, and I went and
hid your talent in the ground. Here
you have what is yours.' 26 But his
master answered him, 'You wicked
and slothful servant! You knew that
I reap where I have not sown and
gather where I scattered no seed?
27 Then you ought to have invested
my money with the bankers, and at
my coming I should have received
what was my own with interest. 28
So take the talent from him and give
it to him who has the ten talents.
29 For to everyone who has will
more be given, and he will have
an abundance. But from the one
who has not, even what he has will
be taken away. 30 And cast the
worthless servant into the outer
darkness. In that place there will be
weeping and gnashing of teeth.'

삶의 자리

1. 열 처녀 비유와 달란트 비유가 주는 교훈은 무엇입니까? 당신이 이 비유에 등장하는 인물이었다면 어떤 사람에 속했을까요?

2. 크리스천은 왕의 재림을 기다리는 사람입니다. 당신은 하나님께서 주신 재능, 젊음, 시간, 물질을 어떻게 사용하고 있는지 말해 보시오.

함께 기도합시다

말씀의 자리 +Plus

신랑을 기다리는 사람들

정혼한 신랑은 약 일 년정도의 시간을 두고 신부를 맞이할 준비를 합니다. 준비가 다 되면 신랑은 신부를 데려오라는 아버지의 명령을 기다려야 합니다. 혼인 날짜를 정하고 아내를 데려와 혼례를 치루고 잔치를 베푸는 것은 전적인 아버지의 권한이기 때문입니다. 예수님의 재림도 아버지의 전적인 권한임을 말씀하셨습니다(13절, 행 1:7). 아버지는 모든 것이 다 준비된 것을 확인한 다음에야 아들을 신부에게로 보냅니다. 한편 신부집에서는 어느 시기인지 짐작은 해도 신랑집에서 언제 신부를 데리러 올지 알 수 없습니다. 그러므로 항상 만반의 준비를 다 하고 있어야 합니다. 신부는 언제든지 신랑이 데리러 오기만 하면 즉시로 떠날 수 있는 준비를 갖추고 있어야 했습니다(막 13:32-35). 본문에서 신랑은 "한 밤 중에" 신부집에 거의 도착하게 되었습니다. 신랑의 들러리들은 신랑이 왔다고 하는 사실을 알리기 위해 큰 소리로 외쳤습니다. "신랑이 온다. 나와서 맞이하여라(6절)." "마치 주께서 호령과 천사장의 소리와 하나님의 나팔 소리와 함께 친히 하늘로서 내려 오시는(살전 4:16)" 것처럼 말입니다. 신랑을 기다리다가 잠에 빠졌던 열 처녀들은 신부의 들러리들입니다. 그들은 자고 있었기에 신랑 맞을 준비를 허겁지겁 했습니다. 미련한 처녀들만 자고 있었던 것이 아니라 지혜로운 다섯 처녀들도 함께 자고 있었습니다. 그러나 차이점은, 슬기로운 들러리들은 기름을 충분히 준비하고 있었는데 반해, 미련한 들러리들은 기름을 준비하긴 했지만, 충분하지 못했다는 점입니다. 슬기로운 처녀들만이 잔치에 참여할 수 있었습니다. 주님은 이 비유를 말씀하신 후에 제자들에게 이렇게 말씀하셨습니다. "그런즉 깨어 있으라! 너희는 그 날과 그 시를 알지 못하느니라(마 25:13)." 이 비유는 주님의 재림을 위해 성도들이 지혜롭게 준비하고 있어야 한다는 것을 가르쳐 주고 있습니다. 주님의 재림은 생각보다 매우 지연이 될지도 모릅니다. 그로인해 많은 사람들은 주님의 재림을 부인하고, 잊고 살게 될 것입니다. 이러한 사람들은 대부분 주님의 재림 때를 위해 준비하지 않고 정욕을 따라 마음대로 살며 수많은 시간과 재력을 헛된 일로 허비하게 될 것입니다. 그러나 지혜로운 성도들은 주님의 재림을 확신하고, 그 때를 대비해서 철저한 준비를 하며 살 것입니다. 그것은 말씀대로 사는 것입니다. 주님이 재림하실 때는 알지 못하지만 말씀대로 평소에 살아왔던 주의 제자들은 즐거이 잔치에 참여하게 될 것입니다.

왕의 기도

● 마태복음 26:31–56(39)

조금 나아가사 얼굴을 땅에 대시고 엎드려 기도하여 이르시되 내 아버지여 만일 할 만하시거든 이 잔을 내게서 지나가게 하옵소서 그러나 나의 원대로 마시옵고 아버지의 원대로 하옵소서 하시고

• 시작하는 이야기

유월절 최후 만찬 후에 유다는 예수님을 팔기 위해 나갔고, 예수님은 다락방에서 제자들에게 유월절 교훈을 하셨습니다. 유다가 군병들을 데려오기 직전에 예수님은 기도하러 겟세마네 동산으로 올라가셨습니다. 여기서 우리는 기도하는 예수님과 기도하지 못하고 있는 제자들의 모습을 봅니다. 기도하시며 다가올 고난을 준비하시고 깨어 하나님의 뜻에 순종하시는 예수님의 모습 속에서 기도가 하나님의 뜻을 이루게 하는 힘이 있다는 사실과 기도하지 못할 때 얼마나 무기력한지 깨닫게 됩니다. 오늘 말씀을 통해 예수님의 기도를 깊이 깨닫는 시간이 되길 바랍니다.

말씀의 자리

1. 예수님은 제자들에게 무슨 예언을 하십니까(31, 32, 34)? 베드로와 제자들의 반응은 어떠합니까(33, 35)?

2. 예수님은 고난을 어떻게 준비하십니까(36)? 왜 예수님은 세 제자를 따로 데리고 가십니까(37, 38, 40, 41)? 기도하실 때 예수님의 형편이 어떠했습니까?

ESV

31 Then Jesus said to them,
"You will all fall away because
of me this night. For it is written,
'I will strike the shepherd, and
the sheep of the flock will be
scattered.' 32 But after I am
raised up, I will go before you
to Galilee." 33 Peter answered
him, "Though they all fall away
because of you, I will never
fall away." 34 Jesus said to
him, "Truly, I tell you, this very
night, before the rooster crows,
you will deny me three times."
35 Peter said to him, "Even if
I must die with you, I will not
deny you!" And all the disciples
said the same. 36 Then Jesus
went with them to a place
called Gethsemane, and he
said to his disciples, "Sit here,
while I go over there and pray."
37 And taking with him Peter
and the two sons of Zebedee,
he began to be sorrowful and
troubled. 38 Then he said to
them, "My soul is very sorrowful,
even to death; remain here,
and watch with me." 39 And
going a little farther he fell on
his face and prayed, saying,
"My Father, if it be possible,
let this cup pass from me;
nevertheless, not as I will, but
as you will." 40 And he came to
the disciples and found them
sleeping. And he said to Peter,
"So, could you not watch with
me one hour? 41 Watch and
pray that you may not enter into
temptation. The spirit indeed is
willing, but the flesh is weak.

3. 예수님의 첫 번째 기도와 두 번째 기도 내용을 살펴보시오.
어떻게 달라집니까(39, 42)?

4. 예수님은 어떻게 체포당하셨습니까(47-50)?

ESV

42 Again, for the second time,
he went away and prayed,
"My Father, if this cannot pass
unless I drink it, your will be
done." 43 And again he came
and found them sleeping, for
their eyes were heavy. 44 So,
leaving them again, he went
away and prayed for the third
time, saying the same words
again. 45 Then he came to the
disciples and said to them,
"Sleep and take your rest later
on. See, the hour is at hand,
and the Son of Man is betrayed
into the hands of sinners. 46
Rise, let us be going; see, my
betrayer is at hand." 47 While
he was still speaking, Judas
came, one of the twelve, and
with him a great crowd with
swords and clubs, from the
chief priests and the elders
of the people. 48 Now the
betrayer had given them a
sign, saying, "The one I will kiss
is the man; seize him." 49 And
he came up to Jesus at once
and said, "Greetings, Rabbi!"
And he kissed him. 50 Jesus
said to him, "Friend, do what
you came to do." Then they
came up and laid hands on
Jesus and seized him.

5. 위기를 맞았을 때 기도하지 않는 제자들과 기도하신 예수님의 반응이 어떻게 다릅니까(51-56)?

* 주(註)"열두 영": 한 영은 6,000명의 군사로 된 로마의 군단임

ESV

51 And behold, one of those
who were with Jesus stretched
out his hand and drew his
sword and struck the servant
of the high priest and cut off
his ear. 52 Then Jesus said to
him, "Put your sword back into
its place. For all who take the
sword will perish by the sword.
53 Do you think that I cannot
appeal to my Father, and he
will at once send me more
than twelve legions of angels?
54 But how then should the
Scriptures be fulfilled, that it
must be so?" 55 At that hour
Jesus said to the crowds,
"Have you come out as against
a robber, with swords and
clubs to capture me? Day
after day I sat in the temple
teaching, and you did not seize
me. 56 But all this has taken
place that the Scriptures of the
prophets might be fulfilled."
Then all the disciples left him
and fled.

삶의 자리

1. 기도하실 때 예수님은 왜 그렇게 고통스러워 하셨습니까(37-39; 히 5:7; 고후 5:21; 갈 3:13)?

2. 제자들의 신앙의 문제점이 무엇입니까? 왜 실패하고 말았습니까? 예수님의 겟세마네 기도에서 배울 점이 무엇입니까?

함께 기도합시다

말씀의 자리 +Plus

기도

제자들은 주님의 고난과 죽으심의 의미를 깨닫고 겸손히 주를 의지하며 주의 말씀에 순종해야했습니다. 가룟 유다 뿐만 아니라 베드로와 다른 제자들도 다 이기적인 죄성이 있으므로 시험에 들지 않도록 깨어 기도해야 했습니다. 그러나 제자들은 자신의 연약함을 인정치 않고, 자신의 선함과 강함을 의지하다가 주를 버리고 도망갔습니다. 예수님은 십자가의 고난을 앞두고 큰 고통과 슬픔 속에서도 기도하심으로 사단의 시험을 이기고 하나님의 뜻에 순복하였습니다. 예수님은 체포를 당하셨지만, 그 절망적인 상황 가운데서도 하나님의 뜻이 이루어짐을 보시고 당당히 나아갈 수 있었습니다. 우리도 기도의 싸움을 통해서만 십자가를 피하라는 사단의 유혹을 이기고, 세상 가운데서 고난과 십자가의 길로 나아갈 수 있습니다. 또한 기도는 함께 할 때 더 큰 힘을 발휘합니다. 예수님도 제자들에게 기도의 동역을 요청하셨습니다. 잠자고 있던 제자들에게 하신 주님의 말씀이 인상적입니다. "너희가 나와 함께 한 시간도 이렇게 깨어 있을 수 없더냐?" 여기서 한 시간은 'one hour'를 말합니다. 주님은 제자들에게 한 시간 정도의 기도를 요청하셨던 것입니다. 기도는 분량으로 따질 수 없는 것이지만, 선한 욕심을 내본다면 매일 한 시간씩의 기도 시간을 가지는 것이 어떨까요? 기도가 삶의 일부가 되어서(식사를 빠지지 않고 하듯이) 하나님의 뜻하신 방향으로 나아가는 삶을 사시길 바랍니다.

십자가에 못 박히신 하나님의 아들

● 마태복음 27:27-56(54)

백부장과 및 함께 예수를 지키던 자들이 지진과 그 일어난 일들을 보고 심히 두려워하여 이르되 이는 진실로 하나님의 아들이었도다 하더라

• 시작하는 이야기

사형선고를 받으신 예수님은 로마 군병들, 무리들, 유대 종교 지도자들, 심지어 강도에게조차 온갖 멸시와 고통을 당하시고, 하나님께도 버림받는 영적 고통 가운데 십자가에 못 박혀 돌아가셨습니다. 갈보리산 위의 주님의 십자가는 우리를 위한 것이었습니다. 주님을 믿고 따르는 자들은 십자가의 신앙으로 살아야 합니다. 찔리고 상하시고 십자가에서 죽으신 주님의 고난의 진정한 의미를 알아야 십자가의 신앙을 가질 수 있습니다. 본문을 통해 예수님의 고난을 생생히 그려 보며 그 의미를 깊이 깨달을 수 있기를 바랍니다.

말씀의 자리

1. 예수님께서는 군병들에게 어떤 고통과 조롱을 받으셨습니까 (27-30)?

* 주(註)관정: 총독의 관저. 군대: 200-600명으로 구성된 보병대.

2. 예수님께서 십자가에 못 박히시기까지의 과정을 살펴보시오 (31-38).

ESV

27 Then the soldiers of the
governor took Jesus into the
governor's headquarters,
and they gathered the whole
battalion before him. 28 And
they stripped him and put a
scarlet robe on him, 29 and
twisting together a crown of
thorns, they put it on his head
and put a reed in his right
hand. And kneeling before
him, they mocked him, saying,
"Hail, King of the Jews!" 30
And they spit on him and took
the reed and struck him on the
head. 31 And when they had
mocked him, they stripped him
of the robe and put his own
clothes on him and led him
away to crucify him. 32 As they
went out, they found a man
of Cyrene, Simon by name.
They compelled this man to
carry his cross. 33 And when
they came to a place called
Golgotha (which means Place
of a Skull), 34 they offered him
wine to drink, mixed with gall,
but when he tasted it, he would
not drink it. 35 And when
they had crucified him, they
divided his garments among
them by casting lots. 36 Then
they sat down and kept watch
over him there. 37 And over
his head they put the charge
against him, which read, "This
is Jesus, the King of the Jews."
38 Then two robbers were
crucified with him, one on the
right and one on the left.

3. 십자가에 못 박힌 예수님을 보는 자들의 반응이 어떠합니까 (39-44)? 유대 종교 지도자들이 예수님을 조롱하는 이유가 무엇입니까(고전 1:23; 신 21:23)?

4. 예수님이 십자가에서 죽으시기 전에 무슨 일들이 일어났습니까(45-50)? 특히, 예수님의 부르짖음의 의미가 무엇입니까(46)?

ESV

39 And those who passed by
derided him, wagging their
heads 40 and saying, "You
who would destroy the temple
and rebuild it in three days,
save yourself! If you are the
Son of God, come down from
the cross." 41 So also the chief
priests, with the scribes and
elders, mocked him, saying, 42
"He saved others; he cannot
save himself. He is the King
of Israel; let him come down
now from the cross, and we will
believe in him. 43 He trusts in
God; let God deliver him now,
if he desires him. For he said,
'I am the Son of God.'" 44 And
the robbers who were crucified
with him also reviled him in the
same way. 45 Now from the
sixth hour there was darkness
over all the land until the ninth
hour. 46 And about the ninth
hour Jesus cried out with a
loud voice, saying, "Eli, Eli,
lema sabachthani?" that is, "My
God, my God, why have you
forsaken me?" 47 And some of
the bystanders, hearing it, said,
"This man is calling Elijah." 48
And one of them at once ran
and took a sponge, filled it with
sour wine, and put it on a reed
and gave it to him to drink. 49
But the others said, "Wait, let us
see whether Elijah will come to
save him." 50 And Jesus cried
out again with a loud voice and
yielded up his spirit.

5. 예수님께서 운명하신 후 어떤 사건이 일어났습니까(51-53)? 성소 휘장의 찢어짐(히 4:16; 10:19-23), 잠자는 성도들의 부활(고전 15:20)은 무슨 의미가 있습니까?

6. 이것을 지켜 본 백부장과 군병들의 반응이 무엇입니까(54)? 끝까지 예수님을 따른 사람들은 누구입니까(55, 56)?

ESV

51 And behold, the curtain of
the temple was torn in two, from
top to bottom. And the earth
shook, and the rocks were
split. 52 The tombs also were
opened. And many bodies
of the saints who had fallen
asleep were raised, 53 and
coming out of the tombs after
his resurrection they went into
the holy city and appeared to
many. 54 When the centurion
and those who were with him,
keeping watch over Jesus,
saw the earthquake and what
took place, they were filled
with awe and said, "Truly this
was the Son of God!" 55 There
were also many women there,
looking on from a distance,
who had followed Jesus from
Galilee, ministering to him,
56 among whom were Mary
Magdalene and Mary the
mother of James and Joseph
and the mother of the sons of
Zebedee.

삶의 자리

1. 로마 군병들에게 조롱당하고 고난 받는 예수님의 심정이 어떠했겠습니까(27-30; 시 22:12-13)? 예수님이 가시 면류관을 쓰신 의미는 무엇입니까(31; 창 3:18)?

2. 예수님의 십자가의 고난과 죽음이 당신에게 주는 의미가 무엇인지 말해 보시오.

함께 기도합시다

말씀의 자리 +Plus

예수님의 십자가

주님은 사람들의 죄의 저주를 대신 받으신 것이며(민 25:4; 신 21:22-23) 동시에 세례요한의 증거대로 하나님의 어린양으로서 인류의 죄의 문제를 해결하시기 위해 죽임을 당하셨습니다. 예수님의 죽음은 사람들을 구원하기 위한 죄의 값입니다. 예수님의 십자가는 저주의 십자가였지만 죄인된 우리들에게는 구원의 십자가입니다. 성소의 휘장이 위에서부터 아래로 찢어져 둘이 되었고 땅이 진동하고 바위가 터지고 무덤들이 열려 자던 성도의 몸이 많이 일어났습니다. 성소의 휘장이 찢어졌다는 것은 이제 하나님께로 나아갈 수 있는 길이 새롭게 열렸다는 것입니다. 구약시대에는 성전에서 제물을 가지고 하나님께 나아갈 수 있었지만 이제는 예수님을 통하여 하나님께 나아가는 새로운 구원의 길이 열렸음을 말해줍니다. 하나님과 인간 사이를 가로막고 있었던 죄의 담, 죄의 장막이 예수님의 십자가의 죽음으로 인하여 제거 되었습니다(히 10:19-22; 벧전 2:24). 또한 주님의 십자가는 승리의 십자가입니다. 예수님의 처절한 죽음의 현장에서 구원역사에 대한 승리의 고백이 터져 나왔습니다(54). 실패자처럼 보이는 십자가의 예수님이 진정한 승리자이시라는 것을 보여주고 있는 말씀입니다. 십자가가 있는 곳에는 승리가 있습니다. 이것이 진정한 기독교 복음역사의 비밀입니다. 십자가가 고통과 수치와 저주였지만 유일한 구원의 길이요, 우리에게 승리를 가져다주는 놀라운 비밀입니다.

왕의 부활과 명령

● 마태복음 28:1-20(19)

그러므로 너희는 가서 모든 민족을 제자로 삼아 아버지와 아들과 성령의 이름으로 세례를 베풀고

• 시작하는 이야기

예수님은 부활하셨습니다. 우리의 죄를 위하여 십자가에 못 박혀 죽으신 예수님은 장사지낸바 되었다가 사흘 만에 다시 살아나사 죄와 죽음의 권세를 타파하셨습니다. 이제 예수님은 만왕의 왕, 만유의 주로서 하늘과 땅의 모든 권세를 가지시고 세계 선교의 지상 명령을 주십니다. 예수님은 이 명령에 순종하는 자와 세상 끝날까지 함께 하시며 친히 이 땅에 하나님 나라를 이루십니다. 오늘 말씀을 통해 왕의 명령과 약속을 받은 전권대사의 자세가 어떠해야 하는지 배울 수 있기를 바랍니다.

말씀의 자리

1. 누가, 언제 무덤을 찾았으며, 어떤 광경을 목격했습니까(1-4)?

2. 천사들이 전하여 준 메시지의 내용이 무엇입니까(5-7)?

ESV

1 Now after the Sabbath,
toward the dawn of the first day
of the week, Mary Magdalene
and the other Mary went to see
the tomb. 2 And behold, there
was a great earthquake, for an
angel of the Lord descended
from heaven and came and
rolled back the stone and sat
on it. 3 His appearance was
like lightning, and his clothing
white as snow. 4 And for fear
of him the guards trembled
and became like dead men.
5 But the angel said to the
women, "Do not be afraid, for I
know that you seek Jesus who
was crucified. 6 He is not here,
for he has risen, as he said.
Come, see the place where he
lay. 7 Then go quickly and tell
his disciples that he has risen
from the dead, and behold, he
is going before you to Galilee;
there you will see him. See,
I have told you." 8 So they
departed quickly from the
tomb with fear and great joy,
and ran to tell his disciples.

3. 여인들은 어떻게 부활하신 예수님을 만났습니까(8-10)?

4. 대제사장들과 장로들은 예수님의 부활을 어떻게 숨기려고 합니까(11-15)?

ESV

8 So they departed quickly
from the tomb with fear and
great joy, and ran to tell his
disciples. 9 And behold,
Jesus met them and said,
"Greetings!" And they came
up and took hold of his feet and
worshiped him. 10 Then Jesus
said to them, "Do not be afraid;
go and tell my brothers to go
to Galilee, and there they will
see me." 11 While they were
going, behold, some of the
guard went into the city and
told the chief priests all that had
taken place. 12 And when they
had assembled with the elders
and taken counsel, they gave
a sufficient sum of money to
the soldiers 13 and said, "Tell
people, 'His disciples came by
night and stole him away while
we were asleep.' 14 And if this
comes to the governor's ears,
we will satisfy him and keep
you out of trouble." 15 So they
took the money and did as they
were directed. And this story
has been spread among the
Jews to this day.

5. 예수님께서 부활하신 후에 어디에서 제자들을 만나셨으며, 무슨 명령과 약속을 주셨습니까(16-20)?

ESV

16 Now the eleven disciples
went to Galilee, to the mountain
to which Jesus had directed
them. 17 And when they
saw him they worshiped
him, but some doubted. 18
And Jesus came and said to
them, "All authority in heaven
and on earth has been given
to me. 19 Go therefore and
make disciples of all nations,
baptizing them in the name of
the Father and of the Son and
of the Holy Spirit, 20 teaching
them to observe all that I have
commanded you. And behold,
I am with you always, to the
end of the age."

삶의 자리

1. 예수님께서 죽음의 권세를 이기시고 부활하셨습니다. 부활하신 주님을 믿고 산다는 것은 부활신앙을 가지고 사는 것을 말합니다. 당신의 삶 속에서 부활신앙은 어떤 모습으로 나타날 수 있겠습니까?

2. 부활하심으로 만왕의 왕이 되신 예수님의 지상 명령(선교 명령)과 약속의 말씀이 당신의 삶에 어떤 의미로 다가옵니까?

함께 기도합시다

말씀의 자리 +Plus

위대한 사명

예수님의 부활에 대한 놀라운 일을 보고 받은 대제사장들과 장로들은 군병들을 많은 돈으로 매수하여 부활에 대한 허위사실을 유포케 하였습니다. 제자들이 와서 주님의 시신을 도적질하여 갔다라고 하라는 것이었습니다. 마태는 종교지도자들의 얄팍한 술수가 결코 성공하지 못했음과 오히려 이것이 주께서 부활하셨다는 확실한 증거임을 고백하고 있습니다. 예수님께서는 부활의 증거를 은폐하려고 하는 자들의 음모에도 아랑곳하지 않으시고 부활하신 메시아로서의 모습을 보여주셨습니다. 마태복음은 주님의 부활로 끝나지 않고 예수님이 그의 제자들에게 마지막 사명을 명하시는 장면까지 보여주고 있습니다. 주님은 부활하심으로 하늘과 땅의 모든 권세를 받으셨습니다. 천사들보다 높으시고 땅 위의 어떤 권세들보다 크신 권세를 하나님 아버지께 부여받으신 것입니다(빌 2:10). 만왕의 왕의 권세를 가지고 제자들에게 명령을 내리신 것입니다. 그렇기에 주님의 선교명령은 최상최대의 명령 즉 지상명령(至上命令, The Great Commission)입니다. 주님의 제자들은 세계를 품은 그리스도인이 되어야 합니다. 자신이 받은 명령이 얼마나 위대한 것인지를 알고, 주의 복음이 필요한 곳으로 나아가기를 즐겨하며, 제자를 삼아 영생을 얻도록 돕습니다. 주의 제자들이 이 일을 포기하지 않고 완수할 수 있는 이유는, 왕의 약속이 있기 때문입니다. 우리와 늘 함께 하시며 도우시는 주님이 계시기 때문입니다. 세상 끝 날까지 함께 하시는 만왕의 왕 예수 그리스도를 믿음으로 승리하십시오.

MEMO

MEMO

MEMO

MEMO

ESP(기독대학인회 출판부)는 다음과 같은 마음을 품고
기도하면서 일하고 있습니다.

첫째, 청년 대학생은 이 시대의 희망입니다.
둘째, 하나님의 말씀인 성경을 사랑합니다.
셋째, 문서사역을 통하여 성경적 세계관을 정립해 나갑니다.
넷째, 문서선교를 통하여 총체적 선교에 도움을 주고자 합니다.